Avec Illustrations pour un Apprentissage Complet

L'HISTOIRE CORÉENNE

en Toute Simplicité

Autant pour les Enfants que pour les Adultes !

Woosung Kang

Copyright © 2024 by Woosung Kang

Aucune partie de cette publication ne doit être copiée, diffusée ou envoyée par copie ou enregistrement ou sous quelque forme ou manière que ce soit, y compris par des moyens électroniques ou physiques, sans l'autorisation écrite préalable de l'éditeur, sauf à des fins de critique et autres fins non commerciales dans les limites autorisées par le Code de la propriété intellectuelle. Pour les demandes d'autorisation et de droits d'auteur, contactez l'auteur à l'adresse suivante :

marketing@newampersand.com

ISBN 979-11-93438-16-9

Visitez notre site web pour plus de livres

& NEW AMPERSAND PUBLISHING
newampersand.com

Il était une fois, haut dans le ciel, un dieu nommé Hwanin 환인.

Son fils, Hwanung 환웅, voulait aider les gens sur Terre.

Alors, Hwanin l'envoya au mont Taebaek 태백산.

Là, Hwanung construisit une ville appelée Sinsi 신시 et régna sur le peuple.

Un jour, un ours et un tigre trottèrent jusqu'à Hwanung.

Ils avaient un grand souhait : devenir humains !

Hwanung les écouta gentiment et leur tendit de l'armoise et de l'ail.

« Mangez ceci et restez dans une grotte pendant 100 jours », leur indiqua-t-il en souriant.

L'ours et le tigre s'en allèrent, excités par leur aventure magique.

Le tigre s'impatienta et se précipita hors de la grotte.

Mais l'ours resta sur place, grignotant jour après jour, de l'armoise et de l'ail.

Puis, quelque chose de stupéfiant eut lieu.

Après avoir tant patienté, l'ours se transforma en une belle femme.

Hwanung était ravi et lui donna un nom spécial : Ungnyeo 웅녀, ce qui signifiait « femme ours ».

Après que Ungnyeo fut devenue femme, Hwanung tomba profondément amoureux d'elle.

Ils eurent un fils adorable ensemble et l'appelèrent Dangun 단군.

Pendant environ 2000 ans, Dangun dirigea le pays avec son idée intelligente *hong ik in gan* 홍익인간.

Cela signifie « profiter largement à l'humanité ».

Il croyait au fait d'aider tout le monde, ce qui rendait la vie agréable pour tous.

Avec beaucoup de sagesse et de courage, Dangun fonda une ville splendide appelée Asadal 아사달.

De là, il jeta les bases d'un pays nommé Gojoseon 고조선.

Ce fut le tout premier en Corée !

Après Gojoseon débuta la période des Trois Royaumes.

Ce fut une période de compétition et de développement entre trois royaumes

Ceux-ci étaient Goguryeo 고구려, Baekje 백제 et Silla 신라.

Ils durèrent environ 700 ans, de 18 av. J.-C. à 668 apr. J.-C.

Ils menèrent des guerres pour obtenir plus de terres afin d'agrandir leurs royaumes, mais ils croyaient tous au bouddhisme et aimaient les arts.

Ils se lièrent également d'amitié avec d'autres pays comme la Chine et le Japon.

La période des Trois Royaumes s'avère un chapitre incroyable de l'histoire coréenne.

Ce fut une période de croissance et de développement étonnants dans la culture et l'histoire de la Corée.

Goguryeo fut fondée par Jumong 주몽 en 37 av. J.-C., et était un pays avec un esprit fort et courageux.

C'était le plus grand des trois royaumes !

Les habitants de Goguryeo étaient connus pour leurs incroyables compétences au tir à l'arc !

Lorsque Gwanggaeto le Grand 광개토대왕 était roi, ils remportèrent de nombreuses batailles et s'emparèrent d'un grand lopin de terre, notamment la Mandchourie occidentale et certaines parties de la Russie.

Ils prirent également le contrôle de la majeure partie de la péninsule coréenne, en battant Baekje.

Les gens écrivaient toutes les grandes choses qu'il faisait sur une énorme pierre appelée stèle de Gwanggaeto.

Ils l'installèrent près de la frontière entre la Chine et la Corée du Nord.

C'est la plus grande pierre gravée au monde aujourd'hui !

Lors de l'invasion de la dynastie Sui chinoise, ils firent face à un combat difficile.

Cependant, le général Eulji Mundeok 을지문덕 dupa les soldats Sui pour qu'ils traversent la rivière Salsu.

Un barrage fut ouvert et de nombreux soldats Sui se noyèrent.

Les autres furent vaincus par la cavalerie de Goguryeo.

Plus de 300 000 soldats Sui périrent, tandis que Goguryeo ne perdit qu'environ 2 700 des siens.

Baekje débuta avec Onjo 온조, le fils de Jumong de Goguryeo en 18 av. J.-C.

C'était devenu un pays riche parce qu'il commerçait beaucoup avec d'autres pays par voie maritime.

Onjo régna en tant que roi pendant 46 ans.

Au cours de son règne, il posa les bases solides d'un royaume puissant qui, incroyablement, dura 678 ans !

À Baekje, le bouddhisme était vraiment important.

Un objet célèbre datant de cette époque est une statue de Bouddha au sourire spécial appelé le « sourire de Baekje ».

Vers le 3e siècle après JC, alors que le roi Goi 고이왕 et le roi Geunchogo 근초고왕 étaient au pouvoir, ce royaume régnait sur une grande partie de la Corée centrale, y compris toute la région du fleuve Han.

Cet objet étonnant appelé le grand brûleur d'encens en bronze doré a probablement été fabriqué au 6e siècle.

Il y a des dessins de dragons et de phénix dessus.

Les gens pensent qu'il était utilisé pour des cérémonies spéciales dans le but d'honorer les ancêtres ou pour d'autres grands événements.

Cette gigantesque grotte de Seokguram 석굴암 est une caverne construite par les humains.

C'est une partie spéciale du temple Bulguksa 불국사 sur le mont Toham 토함산.

Elle a été reconnue par l'UNESCO comme Site du patrimoine mondial. C'est tout un spectacle !

Les habitants de Silla, surtout les riches, aimaient les choses fantaisistes, en particulier l'or.

Ils fabriquaient de belles couronnes, des ceintures et des bijoux en or.

D'où le nom de « Royaume d'Or ».

Cette éblouissante couronne en or a été retrouvée dans une tombe royale.

On pense qu'elle a appartenu à un roi.

Cheomseongdae est une tour de pierre qui aurait été utilisée pour observer le mouvement des étoiles.

C'est le plus ancien observatoire du monde !

Étonnamment, il n'a pas été modifié ou réparé depuis sa construction !

Cette tuile est placée sur les bords des toits ou des murs et représente un visage humain heureux.

Les gens l'appellent « Le sourire de Silla ».

Contrairement à d'autres cultures où des visages effrayants sont utilisés, comme dans le cas des gobelins, les habitants de Silla affichent des sourires amicaux pour que les mauvais esprits se sentent mieux et s'en aillent.

Pendant la période des Trois Royaumes, trois grands royaumes étaient toujours en concurrence.

Ils menèrent de nombreuses batailles, s'alliant parfois à d'autres pays pour gagner.

Silla rejoignit la dynastie chinoise des Tang en 648, et Baekje tomba en 660.

Puis, en 668, Goguryeo fut vaincu par Silla et Tang.

En 676, Silla expulsa finalement les forces Tang et unifia les trois royaumes, en choisissant le nom de Silla unifié.

Le roi Munmu le Grand 문무대왕 régna sur ce nouveau royaume, qui dura 260 ans de plus.

Après avoir unifié les Trois Royaumes et être devenu un royaume fort,

Silla commença à s'affaiblir au 9e siècle en raison de combats au sein du royaume.

En 918, le roi Taejo 태조, également connu sous le nom de Wang Geon 왕건,

créa une nouvelle dynastie appelée Goryeo 고려.

En 935, le Silla unifié se rendit devant Goryeo.

Pendant la dynastie Goryeo, le bouddhisme se répandit partout, atteignant de nombreuses personnes.

Il y avait plus de 70 temples dans la capitale.

Cette époque fut appelée
« l'âge d'or du bouddhisme coréen ».

Goryeo faisait du troc avec de nombreux autres pays.

Les commerçants de la dynastie Song, d'Arabie, d'Asie du Sud-Est et du Japon voyageaient fréquemment.

Après cela, tout le monde commença à connaître Goryeo sous le nom de « Corée ».

Les céladons Goryeo sont des poteries spéciales, célèbres pour leur jolie couleur vert-bleu et leurs motifs fantaisistes.

C'était l'un des objets les plus populaires !

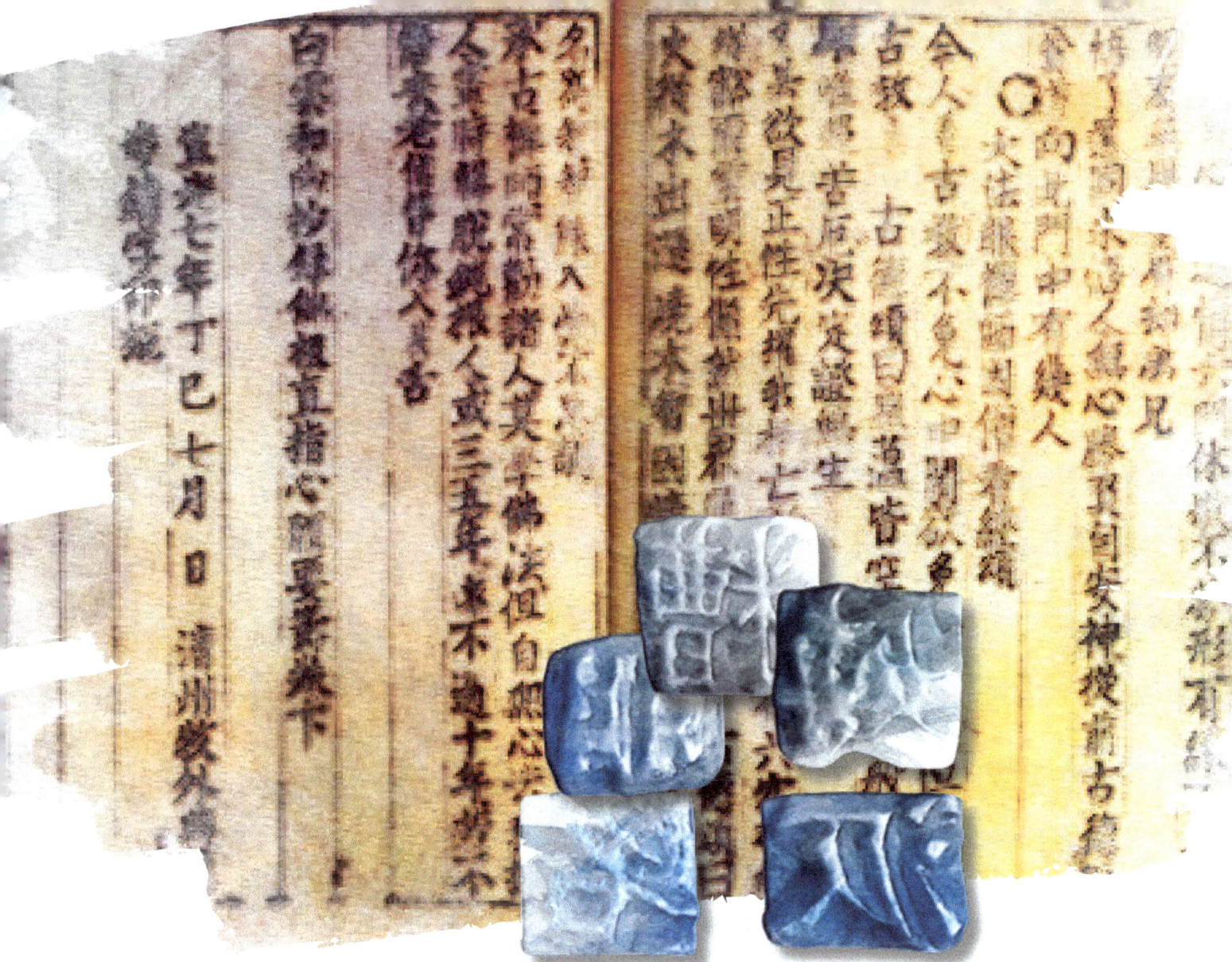

Goryeo était également excellent en sciences et en technologie.

Ils y fabriquèrent le premier type de métal au monde, utilisé pour l'impression.

Le plus ancien livre imprimé s'appelle Jikji 직지 et date de 1377.

Il a été fabriqué 78 ans avant le premier livre à caractères métalliques en Occident en 1455 par Gutenberg.

Il est conservé à la Bibliothèque nationale de France et a été inscrit sur la liste du patrimoine mondial en 2001.

À partir de 1231, Goryeo fut attaqué par l'Empire mongol (qui devint la dynastie Yuan en 1271) pendant une trentaine d'années jusqu'en 1259.

Même après que les Mongols eurent pris le contrôle de Goryeo, le peuple n'abandonna pas.

Ils continuèrent à se battre, déplaçant leurs bases vers différents endroits comme Jindo ou l'île de Jejudo.

À partir du milieu du XIVe siècle, Goryeo put redevenir indépendant.

Un objet spécial datant de cette époque est le Tripitaka Koreana 팔만대장경 qui se trouve dans le temple Haeinsa 해인사.

C'est une collection d'enseignements bouddhistes, gravés sur 81 258 blocs d'impression en bois datant du XIIIe siècle.

Les habitants le firent pour lutter contre les soldats mongols.

Ils espéraient que cela apporterait l'aide de Bouddha.

Constituer le Tripiṭaka Koreana est un symbole de leur fort engagement à protéger leur pays.

Taejo 태조, également connu sous le nom de Yi Seong-gye 이성계, fut le premier roi de la dynastie Joseon 조선 et il régna de 1392 à 1398.

Avant cela, Goryeo se trouvait au bord de l'effondrement à cause des guerres contre les Mongols.

À l'origine, Yi Seong-gye était un général.

Son armée était puissante et arrêta les mongols restants et les pirates japonais.

Puis, la dynastie chinoise des Ming demanda une partie des terres de Goryeo.

Les gens se divisèrent en deux groupes : l'un qui voulait la guerre et l'autre la paix.

Yi Seong-gye, qui voulait la paix, fut choisi pour mener la guerre.

Mais sur l'île de Wihwado, il changea ses plans et devint le roi lui-même, lançant la dynastie Joseon

Après être devenu roi, Taejo changea le nom du pays en Joseon et choisit Hanyang 한양 (actuelle Séoul 서울) comme capitale.

Il ordonna la construction de monuments importants comme le palais de Gyeongbokgung 경복궁 et des marchés.

Hanyang était l'endroit idéal pour y instaurer la capitale, vu son emplacement au milieu de Joseon.

De plus, la rivière Han coulait au cœur de la capitale.

Il était facile de se rendre à l'intérieur et à l'extérieur du pays en navigant sur la rivière.

L'époque du roi Sejong 세종 fut importante pour la Corée.

Il mit en place un groupe de personnes intelligentes pour établir des règles et planifier l'avenir du pays.

Le roi Sejong réalisa plusieurs grandes choses, comme la création du Hangeul 한글, l'alphabet coréen.

Avant cela à Joseon, tout le monde ne savait pas lire ou écrire parce qu'il fallait apprendre des caractères chinois difficiles.

Mais grâce à la brillante invention du Hangeul, tout le monde à Joseon put facilement apprendre à lire et à écrire.

C'est pourquoi les gens l'appelèrent le roi Sejong le Grand 세종대왕.

Il est très respecté en Corée.

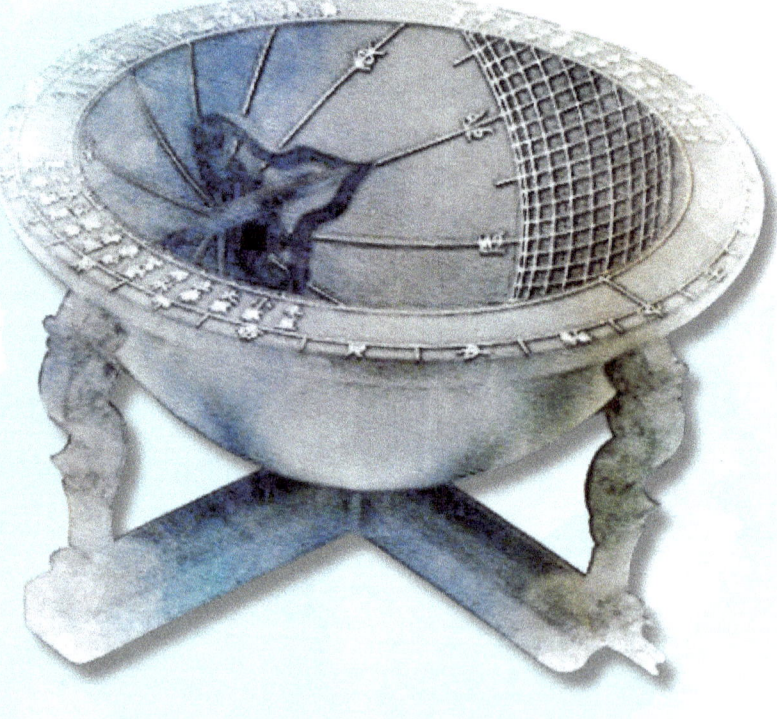

Pendant ce temps, de leur côté, des scientifiques intelligents créèrent Jagyeoknu 자격루, une horloge à eau,

Angbuilgu 앙부일구, un cadran solaire,

et le premier pluviomètre au monde pour mesurer les précipitations.

L'un des éléments les plus célèbres de la dynastie Joseon est sa céramique, en particulier la porcelaine blanche.

Et les habitants de Joseon aimaient porter des vêtements blancs.

C'est pourquoi les étrangers qui visitèrent Joseon les appelèrent *baek eui min jok* 백의민족.

Ce qui signifie les « gens aux vêtements blancs » !

Pendant la dynastie Joseon, les gens suivaient le confucianisme.

Il dicte le respect des parents, des personnes âgées, et la fidélité due au roi.

Joseon possédait donc en conséquence beaucoup d'érudits incroyables.

En 1592, le Japon envahit Joseon, déclenchant la guerre Imjin 임진왜란.

Le Japon endommagea considérablement les palais et les lieux importants de Joseon.

Beaucoup de gens furent tués ou faits prisonniers.

Ils menèrent de nombreuses batailles difficiles.

La dynastie chinoise des Ming envoya des troupes pour apporter de l'aide.

Mais l'amiral Yi Sun-sin 이순신 de Joseon s'avéra le véritable héros pendant la guerre.

À Myeong Ryang, avec seulement 13 navires, il bat en retraite 133 navires japonais !

C'est l'une des plus grandes victoires navales de l'histoire mondiale.

L'amiral Yi Sun-sin était un leader exceptionnel.

Il protégea les mers de Joseon pendant la guerre.

Il utilisa le puissant navire tortue, *geo buk seon*, 거북선 qu'il avait inventé.

Il dirigea ses soldats qui étaient très bien entraînés.

Il mit au point des plans astucieux pour tromper les navires de la marine japonaise.

Il remporta des batailles comme la bataille d'Okpo 옥포, la bataille de Hansando 한산도 et la bataille de Myeong Ryang 명량.

Les navires-tortues de l'amiral Yi Sun-sin écrasèrent les navires japonais, l'un après l'autre !

Après sept ans, Joseon gagne la guerre.

Mais il y eut beaucoup de dégâts sur les terres et les lieux importants de Joseon.

Les gens de Joseon travaillèrent dur pour tout réparer.

Depuis lors, Joseon accomplit des choses incroyables au niveau culturel et historique.

Ce fut l'un des meilleurs moments de l'histoire coréenne !

Au milieu du XIXe siècle, les pays occidentaux voulaient commercer avec Joseon.

Le gouvernement refuse.

En 1866, une flotte française attaqua, et en 1871, une flotte américaine le fit également.

Mais Joseon les repoussa, malgré l'importante difficulté.

En 1875, le Japon envoie un navire de guerre.

Ils exigeaient que Joseon s'ouvre au commerce.

En 1876, Joseon fut contraint de signer un traité.

Cependant, il s'agissait d'un accord injuste, car il ne donnait des droits qu'au Japon.

Joseon se vit obligé d'accepter parce que le Japon le menaçait avec son armée.

Après cela, des pays puissants, comme le Japon, commencèrent à saisir les ressources de Joseon.

Pour tenter de se protéger, Joseon changea son nom en « Empire coréen », *dae han je guk* 대한제국, en 1897.

Ils tentèrent d'apporter des changements, comme améliorer l'éducation et l'industrie, mais ce ne fut pas suffisant.

Le Japon devint le pays le plus fort d'Asie du Nord-Est après avoir remporté des guerres contre la Chine et la Russie.

Des Coréens courageux,

tels que le patriote Ahn Jung-geun 안중근,

essayèrent de parler au monde des actions injustes du Japon.

Ils risquèrent même leur vie.

Malheureusement, en août 1910,

l'Empire coréen fut contraint de devenir une colonie du Japon.

À l'époque où le Japon gouvernait la Corée, les Japonais enlevèrent beaucoup de choses au peuple coréen.

Ils leur imposèrent de changer leur langue, leur écriture, et même leurs noms.

Ils les obligèrent également à travailler comme ouvriers et soldats pendant les guerres que le Japon menait.

Mais malgré tout cela, le peuple coréen se battit durement pour reconquérir sa liberté.

Ils formèrent des groupes pour lutter contre le Japon chez eux et également dans d'autres pays comme la Chine, la Russie et les États-Unis.

Le 1er mars 1919, ils déclarèrent qu'ils voulaient être libres, et les gens de toute la Corée célébrèrent.

Un jeune étudiant nommé Yu Gwan-sun 유관순 joua un rôle crucial dans ce combat pour la liberté.

Le mouvement s'étendit même à d'autres endroits comme la Mandchourie, les États-Unis, le Japon et l'Europe.

Ils mirent en place un gouvernement temporaire à Shanghai et continuèrent à lutter contre le Japon.

Le 15 août 1945, le Japon capitula
lors de la Seconde Guerre mondiale.

La Corée retrouva sa liberté !

Mais la division entre la Corée du Nord et la Corée du Sud
se maintint dans le pays.

Les soldats américains et soviétiques prirent en charge
chaque partie pour s'assurer que le Japon ne causerait
plus de problèmes.

En 1948, le premier grand vote eut lieu en Corée du Sud pour choisir ses dirigeants.

Les Nations Unies s'assurèrent que tout était juste.

Des règles importantes appelées constitution furent établies la même année.

Ils choisirent Syngman Rhee comme premier président.

Le 15 août, la Corée du Sud devint officiellement son propre pays.

Les gens avaient la liberté de choisir leurs dirigeants et de vivre selon des règles équitables.

Mais au nord, les choses étaient différentes.

Là, l'Union soviétique ne laissa pas les Nations Unies vérifier si le vote était équitable.

Cette région devint la République populaire démocratique de Corée le 9 septembre 1948.

Kim Il Sung fut choisi comme leader.

Celui-ci voulait s'emparer de toute la péninsule par la force !

Les Nations Unies déclarèrent que cette attaque n'était pas acceptable, et elle envoya des soldats pour l'arrêter.

Les États-Unis envoyèrent plus d'1,7 million de soldats.

Des soldats de 63 pays arrivèrent pour se battre, fournir des services médicaux et des ressources.

Ils se battirent tous avec acharnement dans l'espoir de sauvegarder la liberté dans la péninsule coréenne.

Plus de 630 000 soldats sud-coréens et 150 000 soldats de l'ONU périrent.

Plus de 800 000 soldats nord-coréens et 1 230 000 soldats chinois trouvèrent la mort.

En 1953, après trois ans de batailles brutales, les deux parties convinrent d'arrêter les combats.

Depuis la signature de l'accord, la Corée est divisée et elle n'est plus jamais redevenue une seule entité.

Au milieu de la péninsule coréenne, au 38e parallèle, les deux pays étaient séparés par une clôture en fil de fer barbelé tranchant.

À la suite de la guerre, la Corée perdit à peu près tout.

Mais depuis, la Corée du Sud s'en sort remarquablement bien !

C'est parce que tout le monde se dévoua à la construction d'un pays meilleur.

Ils firent des plans pour améliorer leur économie
et cela fonctionna.

Ils avaient un plan spécial appelé
le mouvement Saemaul 새마을운동.

L'objectif était de passer d'un pays agricole pauvre à
un pays moderne.

Ils construisirent des routes express,
de grands bâtiments et un métro !

Mais le plus important, c'est que le peuple coréen
avait une attitude « tout est possible ».

Le monde appela cela le « Miracle sur la rivière Han ».

En 1988, la Corée du Sud a accueilli les Jeux olympiques d'été à Séoul !

Pendant les Jeux Olympiques,

8 391 athlètes de 159 pays ont participé à 237 épreuves.

À cet événement ont assisté 27 221 bénévoles.

Même si le monde avait des problèmes,
les Jeux Olympiques de Séoul ont rassemblé de
nombreux pays en paix.

En 1998, la Corée du Sud a été confrontée à un gros problème d'argent.

À cette époque, l'argent de la Corée du Sud ne valait pas autant, donc les choses coûtaient plus cher.

De nombreuses entreprises ont connu des difficultés, et certaines ont dû fermer.

De nombreuses personnes ont perdu leur emploi.

Ils ont donc eu besoin du soutien d'une grande organisation internationale appelée le FMI.

Mais tout le monde en Corée a travaillé ensemble pour aider le pays.

Ils ont réussi à rembourser les dettes plus tôt que ce à quoi tout le monde s'attendait !

Et leur économie est devenue plus forte que jamais.

Dans les années 2000, la Corée du Sud a commencé à faire la paix avec la Corée du Nord.

Le gouvernement sud-coréen a lancé un plan appelé « Politique du rayon de soleil ».

Et les dirigeants des deux pays se sont rencontrés pour la première fois depuis la guerre de Corée !

Ils ont assisté à des réunions et ont recommencé à recréer des liens entre les deux pays.

Ils ont convenu de travailler ensemble sur beaucoup de choses, y compris l'économie et le tourisme.

Les familles qui avaient été séparées pendant la guerre de Corée se sont retrouvées.

Les efforts se poursuivent encore aujourd'hui, bien qu'il y ait parfois des moments difficiles auxquels faire face.

Pour la première fois dans l'histoire, l'événement s'est tenu dans deux pays.

Trente-deux pays y ont pris part, et il y avait en tout 20 villes, en Corée du Sud et au Japon, qui accueillirent les matchs.

Les efforts de ces deux pays pour l'avenir ont laissé un impact durable sur le monde.

C'était un grand événement qui a montré que les deux pays essayaient d'aller de l'avant, malgré leur histoire troublée.

Pendant les Jeux olympiques, la Corée du Sud et la Corée du Nord ont conclu un accord spécial.

Au cours de la cérémonie d'ouverture, un drapeau unique représentant la péninsule coréenne a été hissé plutôt que leurs propres drapeaux !

Ce drapeau spécial symbolisait l'unité entre les deux nations.

Dans certaines épreuves, des athlètes de Corée du Nord et du Sud ont concouru ensemble dans une seule équipe.

Bien qu'elle ait connu des moments difficiles pendant la guerre, la Corée du Sud a réalisé des choses incroyables avec l'aide d'autres pays et de son propre peuple.

La Corée du Sud n'a pas oublié l'aide qu'elle a reçue lorsque les temps étaient durs.

Elle fait désormais beaucoup de bonnes choses pour retourner cette gentillesse.

Elle aide d'autres pays par le biais de moyens financiers, de technologie, de médicaments et de bien d'autres ressources.

De nombreux Coréens se portent également volontaires pour aller dans d'autres pays pour aider les personnes qui en ont besoin.

De nos jours, la Corée du Sud est l'un des pays les plus appréciés au monde !

La K-pop, les séries coréennes, les films et la nourriture sont adorés dans le monde entier !

Vous avez envie de voir ce que la Corée du Sud apportera au monde à l'avenir ?